AF239961

Carola Burre

Gruß Omi

Illustrationen: Carola Büttner (Burre), Max und Tara Burre

Herausgeber & Fotografien: Uwe Krogmann

Mit einem Vor- und Nachwort von Dr. Ingrid Ursula Stockmann

Carola Burre
Uwe Krogmann (Hrsg.)
- Gruß Omi –

1. Auflage (28. Juni 2023)
ISBN 978-3-96692-111-4
©2023
Verlag & Gestaltung:
Stockwärter Verlag, Halle (Saale), Bernd Stockmann
Druck & Herstellung:
BoD - Books on Demand GmbH, Norderstedt
Illustrationen: Carola Büttner (Burre), Max und Tara Burre
Fotografien: Uwe Krogmann
Titelbild: Tara Burre

Alle Rechte beim Autor/Herausgeber/Verlag. Kopie, Abdruck und Vervielfältigung sind ausschließlich mit schriftlicher Genehmigung des Autors/Herausgebers/Verlags gestattet.
Kein Teil dieses Werkes darf in irgendeiner Form ohne schriftliche Genehmigung verändert, reproduziert, bearbeitet oder aufgeführt werden.

Vorwort zu Teil 1 und 2

von Dr. Ingrid Ursula Stockmann

Die Autorin, Carola Burre, wünschte zu ihren Lebzeiten die Textbearbeitung und das Verlegen ihrer handschriftlich vorliegenden Kindergedichte. Diese füllten über mehrere Jahre viele Briefe und Grußkarten, insbesondere an die beiden jüngeren Enkel, die jetzt noch Schulkinder sind.

Inzwischen befinden sich die einfühlsamen, anrührenden und humorvollen Grüße von der Omi Carola in ihrem Nachlass. Leider unterlag sie zu einem unverhofften Zeitpunkt ihren schweren Erkrankungen.

Sie wusste, dass sie sich auf ihren Mann noch nach ihrem Tod verlassen kann und schließlich er den Enkelkindern und Töchtern dieses Büchlein in ihrem Namen schenken wird.

Opa Uwe fand in ihrem Nachlass weitere Gedichte aus ihrer Jugend. Zudem sichtete er Zeichnungen, Skizzen und Karikaturen aus dieser Zeit. Die beiden jüngeren Enkelkinder kommen inzwischen in das Teenager-Alter. Da überlegte ihr Opa: Das passt doch noch ins Buch!

Carola Burre erlebte das Himmelhoch-jauchzend- und Zu-Tode-betrübt-Sein durch erwachende Jugendliebe sowie jugendliche Schwärmereien und verlieh ihrer „Achterbahn" der Gefühle einen lyrischen Ausdruck.

Teil 1:
Kindergedichte

Weihnachten 2016
(Mittelmeer-Kreuzfahrt)

Auf dem Wasser auf dem Meer
ist die Omi und freut sich sehr.
Sitzt mit Opa auf einem großen Schiff,
fährt auf den Wellen um ein Riff,
schaut sich viele Städte an
und beide denken dann und wann
an Mäxchen und die Taramaus,
die sind jetzt bei sich zu Haus.

Weil Oma jetzt nicht zu euch kommen kann,
kam dafür der Weihnachtsmann.
Er brachte Bücher und Geschenke;
wisst ihr, was ich mir so denke?
Das Weihnachtsfest ist wunderschön,
noch schöner wär's, wenn wir uns sehn!

Einen lieben Weihnachtsgruß
und einen dicken Weihnachtskuss,
ahoi, ihr Lieben, bleibt schön gesund!
Es haben euch lieb
Oma und der Opa Hühnerfuß

Weihnachtsdekoration von Carola Burre, zu Hause in Halle (Saale)

Oma packt aus

(in Trier / Koffer auspacken)
24.01. 2016

Oft kocht Papa, er ist schlau und helle.
Papa kriegt 'ne Soßenkelle.
Mama friert oft. Das ist Kacke!
Mama kriegt 'ne warme Jacke.
Tara ist schön wie eine Rose
in der Fremde.
Tara kriegt eine Hose
und ein Hemde.
Mäxchen fragt sich, was das wird.
Mäxchen kriegt ein neues Shirt.

Und ihr denkt, das war es schon?
Max kriegt noch was von Pokémon.
Taramaus braucht einen Bügel,
denn Tara kriegt paar schöne Flügel
und im Nu
ein Kleidchen noch dazu!
Und was ist unter diesem Läppchen?
Für Tara noch ein Federmäppchen.
Lieber Max: jetzt noch mal du.
Für dich ein Plüschtier von Pikachu.

So, nun könnt ihr fröhlich lachen,
das sind nur noch meine Sachen.
Okay, was Süßes, eins oder zwei,
ist natürlich auch dabei!

An Familie Räubernase

26.11.2016

Hallo, Familie Räubernase,
hier ist Oma Blubberblase!
Habt ihr brav den Tisch gedeckt,
hat das Frühstück euch geschmeckt?
War ein Hamster auch dabei?
Gab es heute Frühstücksei?
Wünsch 'ne gute Fahrt nach Speyer.

Los, jetzt frische Sachen an!
Socken an die „Knötzen" dran!
Ihr seid sonst wieder eiskalt,
wie der Schnee im Winterwald!
Müsst dann wieder schrecklich husten,
krächzen und wie blöde prusten,
dazu auch noch ständig niesen,
tut euch so den Tag vermiesen.

So, jetzt ist Schluss! 'nen dicken Kuss!
Nun schwingt die Hufe.
Es grüßt euch die Oma und der Opa Ufe.

An Mäxchen und Tara

12.12.2016

He, Mäxchen, he, Tara!
Hallo, ihr zwei lieben Kinder!
Es ist kalt, ist ja auch Winter.
Ihr Mädchen und ihr Buben
bleibt jetzt öfter in den Stuben,
doch ohne sich ewiglich auszuruh'n,
ihr wollt doch Spaß und auch was tun!

Drum schick' ich heut euch einen Brief,
da steckt was drin: ganz fest und tief.
Drei Hefte. Zum Schreiben, Malen und noch mehr.
Ich wünsche mir: ihr freut euch sehr.
Oder wenigstens ein bisschen...!
O. K., das war's! Ein dickes Küsschen
und einen lieben Gruß
von Oma und Opa Hühnerfuß

Hallo Tara, süße Maus

2016/2017

Hallo Tara, süße Maus,
gehst du heute aus dem Haus?
Fährst mit dem Rädchen,
gehst spazieren?
Liebes Mädchen,
darfst nicht frieren!

Darum an die Füße Socken,
eine Mütze auf die Locken,
Shirt und Jacke auf den Bauch.
Und 'ne Hose brauchst du auch!
Ja, und Schuhe sowieso
und einen Schal, du kleiner Floh.

Ich wünsch dir heute ganz viel Spaß,
'nen schönen Tag
und werd nicht nass!
Dickes Küsschen dir und Maxen,
zankt euch nicht, macht lieber Faxen.

Liebe Grüße an euch alle
vom Opa und der Omi aus Halle!

Lieber Max und liebe Tara

04.03.2017

Lieber Max und liebe Tara,
hier ist die Omi und nicht die Klara.

Ich habe euch ganz lieb,
drum sage ich mal „piep".
„Piep" zu Tara Malemaus,
„piep" zu Mäxchen Sausebraus.

Nicht vergessen: „piep" auch noch
zum lieben Papa Superkoch.
Und auch zur Mama sag ich „piep",
denn die hab ich auch ganz lieb!

Mit dem Auto „brumm, brumm, bla",
bin ich nun bald wieder da!
Ich bring auch Opa Uwe mit,
bis dahin bleibt gesund und fit!

Dickes Küsschen! Omi

Liebe Tara, kranke Maus

2016/2017

Liebe Tara, kranke Maus,
bleibst heute lieber mal zu Haus!
Auch wenn alle auf dich warten,
gehst heute nicht in' Kindergarten!

Fühlst du dich auch fürchterlich -
Mama kümmert sich um dich!
Halsweh, Kopfweh - so ein Mist!
Bin traurig, dass so krank du bist.

Blöder Husten, doofer Schnupfen,
kannst nicht auf der Couch rumhupfen.
Tust mir leid, du armer Hase,
dauernd läuft die dumme Nase.
Spielen ist grad auch nicht schön,
spazieren kannst du jetzt nicht gehn...
Ach, alles ist so richtig dumm!

Liebste Tara-Maus darum
sagt die Omi: „Piep, piep, piep,
sei nicht traurig, hab dich ganz lieb!"

Fabian

2017

Ja, schaut das tolle Essen an,
das hat gemacht der Fabian!
Die Mama hat heut keine Not,
Fabi machte toll Abendbrot!

Wurst und Käse, Brötchen, Butter,
ach wie freut sich da die Mutter.
Lecker Vitamine und Salat,
Teller, Messer - alles parat.

Das ist doch wirklich wundervoll,
schlagt euch ruhig den Bauch schön voll.
Danach noch etwas Spaß und Spiel,
bis Fabi dann ins Bette will.

Habt ihr auch fein an mich gedacht?
Dann wünsch ich euch 'ne gute Nacht.

Fabi

August 2018

Fabi, Hase, was soll das heißen?
Hör ich doch: du willst verreisen.
Ist dein Zimmer weggeschwommen? -
Bist doch grad erst angekommen?!

Eh, du liebes Reisetier,
bleibst du auch mal wieder hier?
Hier bei uns im schönen Halle,
sonst vergessen wir noch alle,
wie hübsch, wie klug und nett du bist ...

Na gut, sei jetzt erst mal lieb gegrüßt!
Bis bald! Bleib gesund, mach keine Bambule,
wir freuen uns auf dich, wie du auf die Schule.

Liebe süße Zuckerschnute

(Zum Geburtstag)
April 2017

Hallo Tara, meine Gute,
liebe süße Zuckerschnute,
Sternäuglein, Mausebein,
heut soll dein Geburtstag sein!

Na da gratulieren wir,
Opa und Oma wünschen dir
einen Tisch mit vielen Geschenken
und dass alle an dich denken!

Dickes Küsschen, „miau" und „piep",
Opa und Oma haben dich ganz lieb!

Bald kommt der Osterhase

13.04.2017

Kommt bald der Osterhase,
tanzt mit seiner Schnuppernase;
doch die Oma tanzt nicht mit,
denn sie ist nicht mehr so fit!

Aber Mäxchen tanzt ganz toll,
und Tara tanzt ganz wundervoll.
„Oh wie schön!", sagt da Herr Meier,
„das gibt super Ostereier!!!"

An Tara Tausendschön

2017

Hallo, Tara Tausendschön,
sollst nicht länger nackig gehn!
Darum schickt heut ganz geschwind,
die Omi aus Halle dem guten Kind,
mal wieder hübsche neue Anziehsachen.

Mit Blümchen drauf und weißer Spitze,
mit Glitzerfisch und Papagei,
ach ja, ein Hütchen ist auch dabei!

Für Max ein Geld
und ein bisschen Süße.

Dicken Kuss und liebe Grüße!
Omi

M.B

Max Burre

Ein hübsches braunes Känguru

Juni 2018

Ein hübsches braunes Känguru,
das hörte mir ganz lange zu,
als ich von euch erzählte.

Dass ihr Max und Tara seid,
doch wohnt ihr leider schrecklich weit,
mit Mama und mit Papa.

Dass Max nun bald zur Schule geht,
schon ziemlich gut bis 100 zählt
und ich ihn ganz toll liebe!

Dass Tara spitze Fahrrad fährt,
sich super schwere Wörter merkt
und ich sie ganz toll liebe!

Das hübsche braune Känguru,
das hatte plötzlich keine Ruh.
Es wollte nur noch weg von hier,
geradewegs zu euch nach Trier.

Euch allen einen lieben Gruß,
dazu noch einen dicken Kuss.

Liebe Tara

März 2018

Liebe Tara,
Sternäuglein, Zuckerschnute,
bist du heute eine Gute?

Oder, das gibt's leider auch -
hast du grade Wut im Bauch?
Schreist ganz laut und knallst die Türen,
dass die Ohren nichts mehr hüren.

Oder ärgerst Mäxchen gar?
Nein! Ich denke: ist nicht wahr!
Bist Omis Schatz und Augenstern,
drum haben wir dich alle gern!

Hab dich lieb, vermisse dich,
dicken Kuss, ich drücke dich.

Seid ihr auf dem Weg?

2018

Seid ihr auf dem Weg nach Speyer,
sucht dort bunte Ostereier?
Lange braucht ihr nicht mehr warten,
dann hat auch in eurem Garten
im Gras, so richtig gut verdeckt,
der Osterhase was versteckt!

Schokohase, Osterei -
Für jeden ist da was dabei!
Braucht nicht schubsen und nicht eilen,
was ihr findet, sollt ihr teilen!
Schließlich herrscht zur Osterzeit
freundliche Gerechtigkeit.

Ich wünsche euch viel Spaß und Freude,
noch einen lieben Gruß!
Das war's für heute.
Eure Omi

Max Burre

Ein kleines rosa Spinnentier

Mai 2018

Ein kleines rosa Spinnentier,
das krabbelte vorbei an mir.
Es kannte alles schon von hier,
darum wollte es zu dir.
Zu dir und deinen Lieben!

Ich sah es gestern noch im Haus,
heut ist es weg - ist wohl schon raus.
Als alles schlief, ganz leise,
begann es seine Reise,
zu dir und deinen Lieben!

Oh je! So ewig lang der Weg,
durch Wälder,
über Felder
und jeden Steg.
Ich weiß nicht, wann es bei dir ist,
dich lieb und herzlich von mir grüßt.
Dich und deine Lieben.

Paris 2018

Ach, es ist doch nichts dabei,
sag ich Uwe „dickes Ei".
Nennt er mich doch auch mit Wonne -
meine liebe „dicke Sonne"!

„Dickes Ei" und „dicke Sonne"
sehen aus wie eine Tonne.
Trotzdem sind sie meistens froh,
und das ist auch richtig so!

Auf die Figur kommt es nicht an:
Wichtig ist das Drum und Dran!

Also fahren wir nach Halle

25.12.2019

Unser Essen ist jetzt alle,
also fahren wir nach Halle!

Gestern gab's ganz tolle Sachen,
damit kann man Schönes machen.

Besuch und Oma waren da -
aber jetzt, trari trara,

fahren wir um tausend Ecken,
um die Omi zu erschrecken!

Opa macht auch keine Menkenke,
und morgen gibt's hoffentlich Geschenke.

Denn wie man sich ja denken kann,
kommt auch nach Halle der Weihnachtsmann.

Carola Büttner

Für Mäxchen

1) Mäxchen, mach nicht so'n Gesicht,
   heute gibt's mal kein Gedicht!
   Bist ein Schulkind, musst viel machen,
   hoffe doch, du kannst noch lachen!

2) Übst du Buchstaben und auch Zahlen,
   was musstest du denn jetzt schon malen?
   Vielleicht „Das bin ich" oder „So seh' ich aus"
   oder eine grüne Maus?

3) Wie läuft es im Hort,
   wie geht's beim Sport?
   Bist du der Schnellste
   und im Rechnen der Hellste?

4) Singst du wie ein Vogel, hell und klar,
   und alle finden's wunderbar?
   Englisch kannst du doch auch, genau!
   Du bist ja doch schon ganz schön schlau.

5) Kannst du Wörter schon erkennen,
   Klassen-Kids beim Namen nennen?
   Kannst du auch schon etwas lesen?
   Lieber Max, das war's gewesen!

6) Dann hör nur immer ganz brav zu,
   man lernt noch irre viel dazu!
   Ich bin schon jetzt ganz stolz auf dich
   und liebe dich: viel Spaß beim Lernen.

Für Mäxchen zum Geburtstag

Ist das nicht ganz wundervoll,
grandios und super toll:
Ja, wer hätte das gedacht,
Mäxchen ist jetzt nicht mehr 8!

Neun Jahre ist er nun ab heute.
Meine Güte, liebe Leute,
und habt ihr nicht geseh'n,
ist er dann bald 10!

Alles Liebe zu deinem
Geburtstag, lieber Max.
Wir wünschen dir einen
wundervollen Tag mit vielen
tollen Geschenken!
Ein Geburtstags-Päckchen ist auf dem Weg.

Max ist leider krank

Dunkel ist's im Kleiderschrank,
und unser Max ist leider krank,
langsam schmerzt ihn der Popo,
denn er muss ganz oft aufs Klo.

Das ist alles gar nicht schön,
Mama und Papa müssen auch mal gehn
und die Tara ist entsetzt:
wieder ist das Klo besetzt!

Tja, da kann man nicht viel machen,
und das ist auch nicht zum Lachen.
Trotzdem zieht jetzt keine Schnute.
Max, ich wünsche dir alles Gute.

Bald geht's dir wieder besser und
dann bist du wieder gesund!

Hallo Tara

Hallo Tara, meine Süße,
Omi schickt dir liebe Grüße.
Hab dich lange nicht gesehn,
das ist leider gar nicht schön!

Hoffe, du bist frohen Mutes,
Mama, Papa tun dir Gutes.
Und auch Max ist lieb zu dir,
mein lieber Schatz, dass wünsch ich dir!

Sag allen einen lieben Gruß
aus Halle einen dicken Kuss.

Zwei Socken

2019

Es waren einmal zwei Socken
mit glattem Haar
ganz ohne Locken.

Sie fanden ihr Leben ziemlich öde
und ihre Haare richtig blöde.
Und das jeden Tag in jedem Jahr!

Egal, ob mit Pünktchen,
mit Streifen oder glatt:
die Socken hatten's ernsthaft satt!

Sie wollten so gern mal die Schönsten sein
mit wunderschönen Löckchen ...
und nicht bloß einfach nur Söckchen!

Eine Gurke

Eine Gurke, zierlich fein,
wollte nicht länger alleine sein.
Sie fand auch 'nen lieben Ehemann,
saftig und knackig, aber dann
(und das hat mich sehr bewegt)
wurden beide eingelegt!
Und nicht zu vergessen:
einfach schnöde aufgegessen!

Euch allen einen lieben Gruß,
dazu noch einen dicken Kuss,
weil ich euch ganz toll liebe.

Tara Burre

Papa hat die Übersicht

Max und Tara wissen's nicht,
doch Papa hat die Übersicht.
Mama schaut noch mal ringsrum,
liegt noch was da, das wäre dumm.
Nichts vergessen? Na dann los!
Mist, wo steckt denn „Jamjam" bloß?

Er sitzt im Auto und lacht sich krumm.
Wieso das? 'S ist doch gar zu dumm:
alles wundervoll verstaut,
alles weg und alles drin.
Doch wo solln die Kinder hin?

Auch die Mama ist entsetzt.
Jeder Platz ist voll besetzt!
Und zu meinem großen Glück
bringt ihr Oma Creme mit.

Für Urlaub 2019

Ich wünsche euch auf diese Weise
eine tolle Urlaubsreise!

Langsam kraucht die Sonne raus,
schnell versteckt sich eine Maus.
Keine Zeit sich auszuruhn,
es ist so vieles noch zu tun!

Das Auto steht ganz brav und still,
weil jeder etwas reintun will.
Das staucht und rumpelt.
Das lieber wieder raus, denn dahinten klemmt's.
Erst die Tasche und den Koffer längs!

Essen, Spielzeug, alles drin?
Wo sind die Badesachen hin?
Habt ihr die Schlafsäcke und das Zelt?
Handy, eure Medizin und Geld?
Eine dicke Urlaubsmark?
Ich wünsch euch eine gute Fahrt.

Die Mücke

Oh! Nein!
Hier ist eine Mücke.
Wo ist meine Krücke?
Ich kann Mücken nicht ertragen,
drum will ich sie erschlagen!

Ha, warte nur!
Oh Mist, oh Schreck,
das blöde Ding fliegt plötzlich weg.
Ich jage eilig hinterher,
doch leider seh ich sie nicht mehr.

Ah, ja!
Da auf dem Kissen wird sie sein.
Aua, Mist, das war mein Bein!
Das gibt 'nen fetten blauen Fleck,
und das Vieh ist wieder weg!

Hoho, Attacke!
Wumm! Jetzt reicht es mir,
ich schlage kräftig nach dem Tier.
Doch es fliegt an mir vorbei.
Und meine Vase ist entzwei.

Ich armes Wesen, das darf's nicht geben,
wieder ging der Schlag daneben.

Na toll! Die Mücke fliegt vorbei an mir.
Hurra, weit offen steht die Tür.
Ach, liebe Mücke, sei kein Schuft,
und flieg hinaus an die frische Luft!

Flieg hinaus ins freie Feld,
summ so laut es dir gefällt.
Ich schau dir dabei gerne zu,
lässt du mich dafür nur in Ruh!

Ein Lausefräulein

2019

Ein Lausefräulein,
klein und zart,
im Spitzenröckchen -
sehr apart!,
wollt sich so gern vermehren.
Leider tat man's ihr verwehren.
Einfach so.
Mit Läuse-Tötulin.
Puff, war das Fräulein hin!

Die schönste Laus der Welt

2019

Ich bin die schönste Laus der Welt,
bin glücklich, froh und brauch kein Geld!

Ich bin ein Lausemädchen
und liebe bunte Fädchen.

Kann krabbeln, tanzen, singen,
geschickt auf alle Köpfe springen.

Doch wenn ich auf 'ne Glatze spring,
bin ich hin
und leider futsch,
weil ich nämlich runterrutsch!

Hallo!

Guten Morgen!
Habt ihr Sorgen?
Oder geht's euch richtig gut -
oder wenigstens ein bisschen?

Gute Laune, frohen Mut
und ein fettes Küsschen
schicken wir euch einfach so -
ganz viel Spaß und seid recht froh
wie der Mops im Paletot!

Meine liebe Taramaus

Tara, meine liebe Taramaus,
du siehst wirklich sehr hübsch aus.
Deine schönen langen Haare
wachsen über rund 6 Jahre,
die sind wirklich eine Pracht!
Ja, wer hätte das gedacht!

Ach, was würd ich dafür geben,
hätte ich auch mal im Leben
solche wunderschönen Locken!
Und da kommt mir in den Sinn,
damit ich jetzt nicht traurig bin,
kaufe ich mir bunte Socken.

Tara macht das spitze

Will die Tara aus
dem Haus
wählt sie ihre
Sachen aus,
zieht sich ganz
alleine an,
was sie schon lang
super kann
und das
macht sie spitze...

Hallo Mäxchen, hallo Tara

(Schuljahr 2020/2021)

Hallo Mäxchen, hallo Tara,
hier ist wieder Omi und keine Klara.
Ganz egal, ob's euch gefällt,
für's tolle Zeugnis gibt es Geld!

Omi will nicht geizig sein,
jeder kriegt 'nen 10 Euro-Schein!
Ja, wer hätte das gedacht;
das habt ihr richtig gut gemacht.

Weil: bei Corona, Home-Schooling
und dem ganzen Mist
das Lernen echt nicht einfach ist.
Der erste Ferientag ist heute.

Ich wünsche euch viel Spaß und Freude!
Und eh die Ferien zu Ende gehn,
werden wir uns in Halle sehn.
Das wird toll, freue mich schon sehr.

Hab euch lieb und noch viel mehr!

Liebe Omi!

Ein Nordseegedicht

(Urlaubskarte von Enkelin Tara an Omi)
31.08.2022

Das Wattenmeer
ist manchmal leer.
Morgens Ebbe. Abends Flut.
Das ist gut!
Hier gibt es keine Löwen,
dafür viele freche Möwen.
Deine Tara

Teil 2:
Jugendgedichte

Verschiedene Gedichte über Liebe und Verehrung - Gesammelte Gedichte über sie

Gedichte der jungen Carola Büttner ab dem Alter von etwa 14 Jahren, über Gefühle von junger Liebe und Freundschaft, Liebeskummer und enttäuschter Liebe sowie über die liebende Verehrung zu ihrer Lehrerin in der 7. und 8. Klasse - eine geistige Liebe.

Bleistiftzeichnungen und Skizzen von Carola Büttner (ohne Datumsangaben),
das „Porträt von meinem Vater H.-R. Büttner" ist auf den 25. 02.1967 datiert und „Petras Porträt" entstand im Oktober 1966. (Petra wird in einem Gedicht auf S. 113 erwähnt.)

Porträt von meinem Vater H.-R. Büttner

Petras Porträt von C. Büttner
(im Okt. 1966)

Noch ein paar Worte davor

Dr. Ingrid Ursula Stockmann

Carola Büttner (Burre) hatte offenbar auch eine „philosophische" Ader und liebte Sinnsprüche, die Lebensweisheiten bzw. -philosophien beinhalten.

In ihrem Nachlass fand ihr Ehemann einige davon, welche sie fein säuberlich mit der Hand abgeschrieben hatte, weil diese augenscheinlich ihrer eigenen Einstellung zum Leben entsprachen. Sicher wurde sie seit ihrer Jugend durch solche geprägt, wie sich auch in ihren Jugendgedichten zeigt. Sie blieb sich selbst treu. Ebenso war ihr Bekenntnis zu dem schönen Lehrerberuf nicht nur ein Lippenbekenntnis.

Das Betragen ist ein Spiegel, indem jeder sein wahres Gesicht zeigt.

Goethe

Das Sicherste bleibt immer, dass wir alles, was in und an uns ist, in Tat zu verwandeln suchen.

Goethe

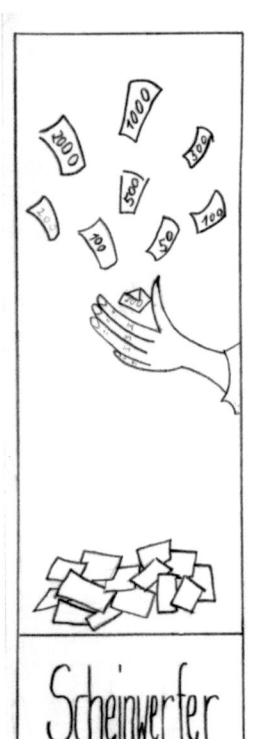

Scheinwerfer

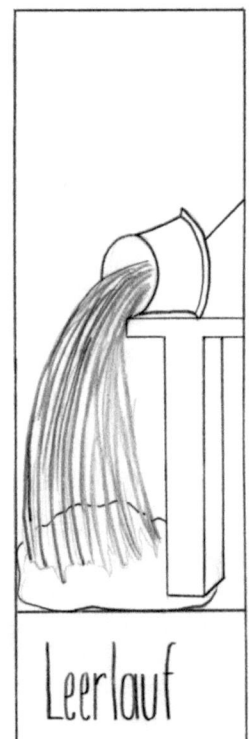

Leerlauf

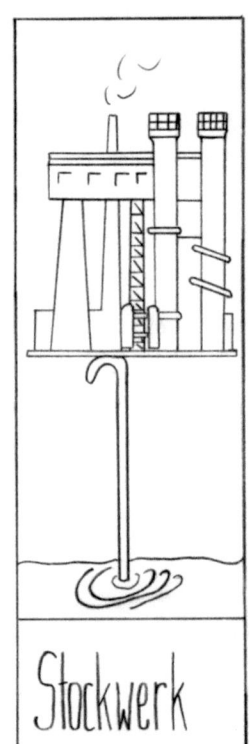

Stockwerk

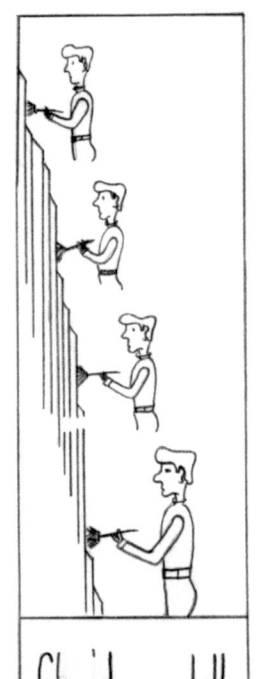

Streichquartett

Gläser & Karaffe

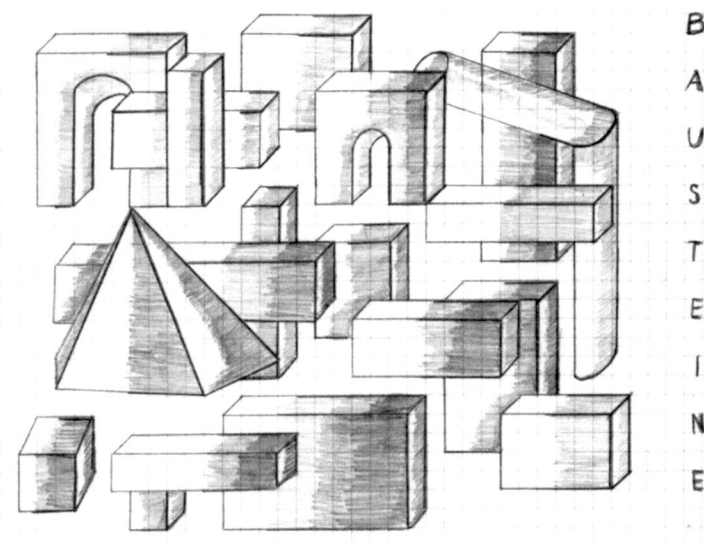

B
A
U
S
T
E
I
N
E

Urteile einen Menschen lieber nach seinen Handlungen als nach seinen Worten, denn viele handeln schlecht und sprechen vortrefflich.

Matthias Claudius

Monde und Jahre vergehen und sind auf immer vergangen, aber ein schöner Moment leuchtet das Leben hindurch.

Grillparzer

Der Mensch kann auf Erden nicht leben,
wenn er nichts Freudiges vor sich sieht.

A. S. Makarenko

Das Leben ruft! Setzt euch ein Ziel!
Euch, die ihr jung seid, ruft der Tag.
Der Tag heißt Arbeit, Lernen, Spiel,
der Tag heißt Buch und Hammerschlag.

Max Zimmering

Anmut sparet nicht noch Mühe,
Leidenschaft nicht noch Verstand,
dass ein gutes Deutschland blühe
wie ein andres gutes Land.

B. Brecht

Auch der genialste Mann wurde von seiner
Mutter geboren, der er oft das Beste, was er
besitzt, verdankt.

August Bebel

Du wirst es nie zu etwas bringen,
bei deines Grames Träumerei'n,
die Tränen lassen nichts gelingen:
Wer schaffen will muß fröhlich sin.

Theodor Fontane

Liebe - aber wahrhaft, und es fallen dir alle anderen
Tugenden von selbst ein.

Feuerbach

Auf welcher Straße des Lebens du auch immer gehen
wirst, Vorbedingung ist dein Charakter.

Ernst Thälmann

Ein jeder gibt den Wert sich selbst.

Schiller

Der Autorin Carola Burre, geb. Büttner, steht ein großes Lob für ihre nachfolgenden Gedichte zu.

Liebesgefühle, ebenso geistige (platonische) Liebe, können uns Menschen Auftrieb geben, überschwänglich machen und unsere Kreativität enorm beflügeln.
So mancher Dichter kennt's. Und mancher Mensch kann ein Lied davon singen.

Dr. Ingrid Stockmann

Verschiedene Gedichte über Liebe und Verehrung

Dir zu Ehren

1. Dir zu Ehren will ich lernen,
   will bescheiden sein und still.
   Ich will nur noch lernen, lernen,
   ich mach's gerne, weil ich's will.

2. Dir zu Ehren will ich lehren
   und es lässt mir keine Ruh
   einmal Lehrerin zu werden
   ganz genau und gut wie du.

3. Dir zu Ehren will ich lehren,
   allen Menschen groß und klein,
   ja, ich möchte dir zu Ehren
   allen stets ein Vorbild sein.

Selbstbildniss

Carla Büttner

(„Frau Swar Swardi") Franzoise Hardy

1. Wenn für dich der rote Mohn im November blüht,
   wenn durch graue Wolken immer wieder die Sonne zieht,
   (wenn durch graue Wolken man gold'ne Sterne sieht),
   wenn das Glück dir mit den Nächten deine Tränen gibt,
   dann bist, ja glaub mir, dann bist du verliebt.

2. Wenn du traurig bist, und du solltest glücklich sein,
   wenn du Freunde triffst und fühlst dich doch so allein,
   wenn dir das Alleinsein schöne Stunden gibt,
   dann bist du, ja glaub mir, dann bist du verliebt.

3. Kommt die Liebe, stell keine Fragen,
   was draus wird, kann keiner dir sagen,
   und wirst du sie einmal erleben,
   wird es keine Fragen mehr geben!

4. Wenn du Sehnsucht hast und weißt nicht einmal wonach,
   wenn du müde bist und liegst viele Stunden wach,
   wenn es für das Ziel der Wünsche einen Namen gibt,
   dann bist du, ja glaub mir, dann bist du verliebt.

Flamme oder Stern

Ich frage DICH:
        „Was gibt es höheres als die Liebe?
        Was gibt es schön'res als den Kuss?"
        „Es gibt kein Leben ohne Liebe,
        es gibt kein Lieben ohne Kuss.
        Doch ist nicht größer als die Liebe
        die wahre Freundschaft noch?
        Die Lieb ist eine heiße Flamme,
        die hoch lodert und versengt.
        Die Freundschaft doch, sie ist ein Stern,
        der weit am Himmel strahlt und glänzt."
Ich frag' DICH wieder:
        „Was ist näher uns? Flamme oder Stern?"

Sag mir warum

1. Immer denke ich an dich,
   ganz gleich, was ich tue.
   Überall such ich DEIN Gesicht,
   sogar im Traum habe ich keine Ruhe.

2. Ich träume von DIR
   und DEINEN blauen Augen,
   ja, glaube mir,
   ich weiß, dass sie viel taugen.

3. Du schaust mich an,
   ich blicke zu DIR,
   doch zeigst DU dann
   nie ein Lächeln mir.

4. Scheu blickst DU fort,
   als hätte ich DIR weh getan.
   Selten sprichst DU mit mir ein Wort,
   als ginge ich DIR gar nichts an.

5. Du gehst mir aus dem Wege,
   wenn ich in DEINER Nähe bin,
   schon wenn ich nur den Kopf bewege,
   schaust DU schnell woanders hin.

Einsamkeit

1. Du bist doch noch jung mit deinen 24 Lenzen,
   warum bist du so traurig und allein?
   Wann übertrittst du diese Grenzen,
   wann wirst du glücklich und in liebenden Händen sein?

2. Ich verliere allen Mut,
   seh ich dich so einsam stehn,
   ach es wäre alles gut,
   könnten wir zusammengehn!

3. Dein Blick schweift in die Ferne
   unendlich traurig und still.
   Deine Augen glänzen wie Sterne,
   die keiner sehen will.

4. Doch ich sehe deine Blicke,
   wenn du stehst in meiner Näh'.
   Und ich fühle deine Blicke
   tun mir immer wieder weh.

5. Warum kannst du nicht lachen,
   warum nur einsam sein?
   Sprich: was kann ich machen,
   ich bin doch nicht zu klein!

6. Ich will dir alles geben,
   Vertrauen, Liebe und Glück.
   Ich teile mit dir mein Leben,
   nie gehe ich von dir zurück.

Du glaubst mir nicht

Du glaubst mir nicht,
ich spür's an deiner Art
mich anzuschaun;
du glaubst mir nicht,
ich sehne mich nach
dir und nach Vertraun.
Was ist denn nur ge-
scheh'n, ich kann
nicht mehr verstehn,
ich habe plötzlich
Angst, du könntest gehn.

Entschuldige

Ich musste immer an dich denken,
jetzt weiß ich auch warum.
Nein, ich wollte dich nicht kränken!
Meine Verse war'n so dumm,
meine Worte ohne Sinn;
das fällt mir jetzt erst ein,
was ich für ein Schafskopf bin!!!
Kannst du mir verzeih'n???

%

Ich weiß, dass ich dir sehr weh getan habe,
mit meinen letzten Gedichten. Entschuldige!
Es war nicht so gemeint!

DS

Du gingst fort

Du gingst fort,
und du sagtest zum Abschied kein Wort,
auch deshalb denke ich
nur immerzu an dich.

Doch ich hab ganz andere Sorgen.
Glaube mir, nur du bist mein,
und ich denk dabei an morgen,
ja wie wirst du zu mir sein?

Ich sage zu dir: „Mit leichtem Herzen
kannst du mir vertrauen,
denn es macht mir immer Schmerzen,
muss ich in deine traurigen Augen schau'n.

Drum frage ich dich,
warst du jemals schon verliebt,
merkst du denn nicht,
dass dir jemand Liebe gibt?"

Das wünschte ich mir

Wenn ich nur wüsste, was du jetzt tust,
ich sehne mich schrecklich nach dir,
ob du auch immer an mich denken musst,
ach! Das wünschte ich mir!

Schneller schlägt mein Herz,
denke ich an dich, da du fern,
ich fühle nur einen Schmerz,
hab ich dich doch so gern!

ja, ja

Verzage nicht!

Ich wünsche dir Glück,
denn du sollst glücklich sein.
Schau nie zurück,
denn die Zukunft ist dein!
Hast du heute Sorgen
und gestern war alles noch schick,
denke froh an morgen,
morgen wird alles besser gehn.
Bist du heute schon einsam
und warst du gestern noch der King,
verzage nicht!, denn gemeinsam
bauen wir uns die Zukunft.

An ihn!

Wenn du gehn willst, dann geh, ich gebe dich frei,
war die Zeit auch so wunderschön für uns zwei.
Nun darfst du gehen, von mir bist du frei
und hoff auf die andre, sie bleibt dir treu.
Lass mich bitte und tröste mich nicht,
geh zu der andern, sie wartet auf dich.
Sei lieb zu ihr, denn sie hat dich gern,
frag nie mehr nach mir, ich bleibe fern.
Vergiss mich und bleibe der andren treu,
so schön es auch gewesen, es ist vorbei.
Ich sage dir nur noch „Auf Wiedersehen",
dann werde ich für immer gehen!

An Frank!

Und das mit der Hoffnung

1. Ich habe mich gefreut und stark schlug mein Herz,
   und nun hab ich nichts als Enttäuschung und Schmerz.
   Vielleicht wirst du auch einmal einsam sein,
   dann weißt du, es ist nicht leicht so allein.

2. Du kannst ja nicht sehen, wie es mir ist,
   und dass du allein mein Leben bist.
   Du weißt es ja nicht, wie traurig ich bin,
   doch dir das zu sagen, das hat keinen Sinn.

3. Ich werde dich ehren und werde dich lieben,
   ist mir auch nichts als Kummer geblieben.
   Mit all meiner Kraft bleib ich dir treu,
   und das mit der Hoffnung: es beginnt einmal neu!

Du hast es so gewollt

Was bin ich denn für dich?
Ein Kind! Nun, zwar mit Ideal,
doch das ist hier ganz egal.
Du liebst mich eben nicht!
Man kann ja auch nicht jeden lieben,
der einem schöne Augen macht.
Das wäre wirklich übertrieben
und außerdem gelacht.
Du willst ein Junggeselle bleiben,
nun gut, dann bitte sehr!
Lass dich nur im Strom des Alltags treiben,
das wünsch ich dir, nicht mehr!
Denn, du brauchst ja keine Liebe,
du willst unabhängig sein,
doch wenn das immer so bliebe,
wärst du eines Tages ganz allein!
Dann brauchst du plötzlich Hilfe,
soso! Doch man bringt dich in ein Altersheim.
Dort raunst du nochmal wie der Wind im Schilfe
und schläfst dann für immer ein.
Doch vorher, bitte vergiss es nicht
dein Leben zu überdenken,
überlege DIR: ich glaubte fest an dich
und wollte dir Liebe schenken.
Denk an die Worte, die ich dir gab,
als ich dir sagte ade !

Ich war das letzte Mal bei dir,
der Abschied tat mir weh.
Doch du wolltest es so,
so ist's dann auch nach deinem Wunsch gescheh'n,
du warst wieder froh
als ich ging, hatte ich damals noch geseh'n!

Wenn - dann

1. Wenn sich keiner Sorgen um dich macht,
   wenn keiner mit dir weint und lacht,
   wenn du denkst, du bist so allein,
   werde ich immer bei dir sein.

2. Wenn jeder von dir geht,
   weil keiner dich versteht,
   wenn dich keiner sehen will,
   bleibe ich bei dir, lieb und still.

3. Wenn dir keiner verzeihen kann,
   wenn dir keiner etwas glaubt, dann
   - ja, dann denke an mich,
   glaube mir, ich liebe nur dich!

Ich muss dich vergessen

Ich muss dich vergessen,
es gibt keinen anderen Weg,
du kannst mich niemals lieben,
das tut mir weh.
Ich muss gehen, tun als wäre nie etwas gewesen,
es ist schwer, mir scheint es unmöglich.

Wie jeden anderen jungen Mann
müssen meine Augen dich sehen,
voll Achtung und Zurückhaltung
soll ich dir begegnen.

Niemals mehr träumen
die Träume vom Glück mit dir,
denn Wahrheit könnten sie nicht werden,
und solche Träume tun dann mir weh.

Mit ganzem Herzen hab ich dich geliebt,
liebe ich dich noch heute.

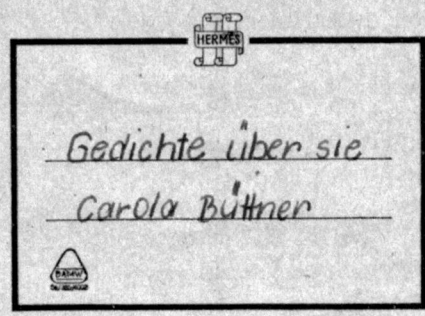

Gedichte über sie

Carola Büttner

Art.-Nr. 215/g 5.-12. Klasse **EVP 0,10 MDN**

Gesammelte Gedichte über sie

Carola Büttner als Schülerin

Sehnsucht

Keine Nacht kann ich schlafen,
keine Nacht finde ich Ruh.
Als wenn verzaubert mich hättest du.
Ich denke an dich, wo ich geh und steh,
doch du bleibst so kalt wie Eis und Schnee.

Einer Andern schenktest du dein Herz,
doch meines weint vor Schmerz.
Aber was kann man da tun
als warten und ruh'n?

Du schenktest mir niemals einen Blick.
Es gibt für mich nur ein Zurück.
Ich muss weinen, wenn ich dich seh,
mit deiner Kälte tust du mir weh.

V. H. + C. B.

Erinnerung und Gegenwart

Es war vor Jahren -
als ich dich sah,
da - hab ich es auch erfahren,
das menschliche Glück ist so nah.

Meine Lieb sei dir Ehre,
meine Küsse dir Glück.
Selbst über einhundert Meere
dringt meine Sehnsucht zurück.

C. B.

Du bist mein Vorbild in allem,
was ich tu'.
Deine Worte sind zart und mild,
mein dich liebendes Herz findet niemals mehr Ruh.

Es schlägt nur für dich,
für niemanden sonst auf dieser Welt,
nichts ist dir gleich,
weder Gold noch Geld.

C. B.

Gedanken vorm Abschied

Du bist seit Jahren meine Liebe
jedoch seit Wochen mein Schmerz.
Es ist, als wenn jemand dich triebe
in mein sich verschließendes Herz.

Du weißt, dass ich dich verehre,
du weißt es durch Brief, Geschenk - auch Kuss.
Wer weiß, was ich ohne dich wäre;
aber der Abschied kommt, weil er kommen muss.

Ich stellte dir manche Frage
unüberlegt und dumm.
Traurig fühl ich mich in meiner Lage;
ich muss mich entscheiden, ich komm nicht drum rum.

Für eine Andere bist du auch die 1. große Liebe.
Die Andre ist lustig und ein Jahr jünger als ich.
Auch wenn sie immer bei dir bliebe,
niemals im Leben vergess ich dich!

Abends weine ich stundenlang im Bett,
ein rasender Schmerz durchbohrt meinen Sinn.
Sprichst du mit mir, bist du freundlich und nett,
doch deine Gedanken wandern, ich weiß nicht wohin.

Mit dir kann ich über alles sprechen,
über alles, was mich bewegt.
Es ist, als würdest du die Sorgen wie einen Halm zerbrechen,
den dann ein stürmischer Wind von dannen trägt.

C. B.

Gedanken zum Abschied

Vor zwei Jahren kamst du in unsere Klasse,
du solltest uns unterrichten im Fach Biologie.
Wir waren Kinder, wie von unartiger Rasse;
auf die Worte eines Lehrers hörten wir nie.

Du hattest so eine Art an dir
uns zur Ruhe zu zwingen.
Wir sprangen über Pflanze und Tier.
Ich war sofort bereit, eine Pflanze mitzubringen.

Ich lernte gern,
dein Unterricht machte mir Spaß;
lernte ich für dieses Fach, warst du
nicht mehr fern.

Unser Klassenlehrer erkrankte,
jener blieb dann für immer fort.
Du übernahmst uns, ach Danke!
Warst du doch jetzt öfters bei uns,
ich befolgte stets dein Wort.

Nach einem Jahr hatten wir dich noch in Chemie.
Auch hier lernte ich gern und gut,
doch kam ich nicht recht mit - wegen meiner Phantasie.
Ich verzagte, doch du brachtest mir Mut.

Dagmar verehrte DICH
wie keinen je zuvor.
Lieben tat ich dich damals noch nicht,
doch bald schlug in mir die Flamme der Liebe empor.

Dagmar merkte meine Liebe zu dir.
Es tat ihr weh, doch sie gab DICH frei,
frei für mich, darum danke ich ihr!
Sie wusste, DU kannst nicht glücklich sein, lieben dich zwei.

Alles tat ich, um DICH zu erfreu'n,
griff dabei aber oft daneben.
Mein Wunsch war, nur noch von dir zu träumen.
Im Traum gab ich für DICH öfters mein Leben.

Jetzt in der 8. Klasse bin ich vor Liebe wie von Sinnen.
Doch sind wir wieder zwei, die dich mehr als achten,
diesmal möchte Petra dich gewinnen,
ich gewähre es ihr, werd ich vor Sehnsucht auch
verschmachten.

C.B.

Abschied

Ich liebe DICH seit vielen Jahren,
warst DU doch auch nicht abgeneigt
mir DEINE Liebe zu offenbaren
und das war für mich die schönste Zeit.

Doch kam der Sommer
und mit ihm Tränen und Leid
für mich!
Vorüber ist die schöne Zeit
aber niemals, das glaube mir, vergess ich DICH!

War ich doch oft darauf bedacht
DICH reich mit Blumen zu bedenken;
ließ ich doch niemals außer Acht
DICH einfach, aber herzlich zu beschenken.

Die Anderen denken, ich trenne mich von DIR.
„Ja, ich trenne mich!" Doch nur äußerlich und nicht mit Herz.
In Gedanken bist DU immer bei mir
und diese Gedanken verursachen meinen Erinnerungsschmerz.

Kann ich bei DIR nur noch in Gedanken sein,
so bitt' ich DICH, vergiss mich nie.
Bist DU für DICH mal ganz allein,
dann sprich: „Ja keck und verliebt war sie!"

C. B. für P. K.

An ‚ihn' !

Ich bitte DICH, gib mir
eine Antwort dafür,
was folgt.

Sprich - Warum ging unsere Liebe vorbei?
Höre - Ich war DIR immer treu!
Viele sprachen mich an,
ob ich nicht ihre Freundin werden kann?!
Du kümmertest DICH kaum um mich,
doch warum?
Brauchtest DU mich nicht?
Ach
was weiß ich denn von DIR?,
kann ich mir
doch nicht einmal selbst Auskunft über DICH geben.
Du sagst, wir verstehen uns nicht mehr;
aber wieso?
Ich hätte so eine Art an mir?,
na und weiter!?!
Warum schweigst DU?
So machst DU mich nicht froh!
                 Mein Temperament
          ging manchmal mit mir durch,
und wer mich etwas kennt,
gibt niemals deshalb eine Liebe auf!

Ich möchte noch viel schreiben,
noch Fragen stellen
doch - lass ich's bleiben.

C. B.

Ferien

Ich bin unglücklich!
     Seh ich DICH,
          doch jetzt die ganzen Ferien nicht.

Es ist eine endlos lange Zeit,
wo ich DICH nicht gesehn,
ich wäre ja sofort bereit
zu DIR - DICH besuchen gehn.

Ich sehe DICH vor mir,
doch kenn ich DEINE Stimme nicht mehr,
mein Herz sehnt sich so nach DIR.
Es wird Zeit, dass ich zu DIR wiederkehr!

Ich entfernte mich von meinem Glück,
welches nicht wie „meines" schien,
aber ganz konnte ich nicht von DIR zurück,
so lass mich wieder zu DIR ziehn.

Verspürte ich erst später die Reue,
so bitt ich DICH - Verzeih mir diese Tat.
Ich halte DIR bis zum Tode die Treue,
nun keimt neu, meine „Liebessaat"!

Brauchst DU mich?!

DU
hast einen Mann!
Ihr liebt EUCH und seid glücklich;
schafft EUCH vielleicht auch Kinder an.

Ich
bin noch ein Kind
schon 15 Jahre-
doch was macht das schon?
Ich liebe auch!
Doch noch keinen Mann
sondern eine Frau-
      und diese bist DU - zart wie ein Hauch!
Ich liebe DICH mit allem, was ich kann.

DU,
      du sagst nicht:
„Ich habe DICH gern",
oder machst Andeutungen,
      dass DU mich liebst.
Ich wünsche mir,
      dass DU
mir mein glückliches Dasein gibst!

Aber ...
brauchst DU mich denn?
Hast DU doch DEIN großes Glück fest in der Hand.
DU könntest DICH vielleicht von mir trenn',
so - als hätten wir uns nie gekannt.

Ich schreibe diese Zeilen für DICH
und möchte sie DIR auch geben.
Doch - denke nicht falsch über mich!
Ich liebe DICH doch wie mein Leben!

Carola Büttner

Nachwort

Carola Burre gebührt Anerkennung, und dies ihr zu ihren Lebzeiten mitzuteilen, war mir ein Bedürfnis:

Liebe Carola Burre,

so „einfache", einfühlsame, witzig-spritzige und treffende Worte! Ja, aus „Kindern werden Leute". Ich kann spüren, wie sehr Sie sie lieben, Ihre süßen, schönen Enkelkinder. Wie Sie die beiden per Briefpost im Alltag und bei besonderen Ereignissen begleiten und Ihre lieben Verse Kilometer um Kilometer überbrücken, ist sehr anrührend!
Da sprechen Sie ganz bestimmt anderen Großeltern aus dem Herzen, insbesondere denen, die ebenso weit entfernt von ihren Lieben leben, weil es die Umstände erfordern.

Herzliche Grüße

Dr. Ingrid Ursula Stockmann

Autorenvita

Carola Burre, geb. 1951 in der ehemaligen DDR,
Diplompädagogin, Sonderschulpädagogin,
Lehrerin für verhaltensgestörte Kinder.
Lebte zwei Jahre mit ihrer Familie in Mosambik,
arbeitete als Schulleiterin, baute Ausgleichsklassen auf,
unterrichtete Deutsch, Heimatkunde, Werken und als
Spezialisierungsfach Kunst.
Hohes soziales Engagement,
zweijähriges berufsbegleitendes Studium der Montessori-
pädagogik,
wegen Erwerbsminderung zuletzt stundenweise Arbeit als
Lehrerin an einer evangelischen Grundschule, um ihre
erworbenen Qualifizierungen noch zur Verfügung zu stellen.
Verheiratet, zwei Töchter, fünf Enkelkinder,
im Jahre 2023 verstorben.

Danksagung

Dr. Ingrid U. Stockmann und Bernd Stockmann

Der Herausgeber Uwe Krogmann schrieb für die Trauerrede, dass seine Frau Carola
zu einem ersten, schweren operativen Eingriff im Kostüm einer OP-Schwester in die Klinik ging, denn es war der 11.11., um Elf Uhr Elf!

So gestaltete sie ihr Leben: Witz, Humor und „Galgenhumor" zählten zu ihren Stärken. Ihr köstlicher Humor zeigt sich auch in ihren handschriftlichen Kindergedichten für ihre Enkelkinder. Sie hinterließ ihren Lieben ihr Manuskript „Gruß Omi" - mit dem Wunsch der Herausgabe durch ihren Ehemann, Uwe Krogmann. Zum Stockwärter Verlag hatte sie noch selbst Kontakt aufnehmen können. Nach ihrem Tod barg ihr lieber Uwe einen Schatz: Lyrische Schwärmereien und Gedichte über Jugendliebe aus ihrer Teenagerzeit. Noch ein „Gruß" von Omi. Wir danken dem Herausgeber für das Auffinden und die Auswahl der Gedichte für das vorliegende Jugendbuch.
Gruß Omi,
nunmehr ein Doppelgruß!

Inhaltsverzeichnis